杭州市萧山跨湖桥遗址博物
含山县凌家滩遗址管理处　　编著
含山博物馆

玉耀长河

凌家滩文化展

ZHEJIANG UNIVERSITY PRESS
浙江大学出版社
· 杭州 ·

《玉耀长河——凌家滩文化展》编委会

主　编　　吴　健　唐　军
副主编　　楼　卫　孙良凤
编　委　　郑伟军　沈一敏　俞博雅　厉小雅
　　　　　李　军　邓　雁　丁　燕　过其保
　　　　　钱　雨　苏　洋　刘　传　郭庆刚

目　录

前　言

　　凌家滩遗址位于安徽省马鞍山市含山县铜闸镇凌家滩村，北靠太湖山，南临裕溪河，是一处距今5800—5300年长江下游巢湖流域迄今发现面积最大、保存最完整的新石器时代晚期中心聚落遗址，遗址核心保护面积220万平方米，被称为"中华文明的曙光"。中华文明探源工程首席专家王巍在《求是》2020年第2期《中华5000多年文明的考古实证》一文中指出："安徽南部的凌家滩遗址，是良渚文化前身—崧泽文化时期的安徽南部中心性遗址。"

　　1987年以来先后14次考古发掘，总发掘面积约6280平方米，出土文物3000多件，其中玉龟、玉版、玉人、玉勺等100余件文物被故宫博物院珍藏。凌家滩文化与红山文化、良渚文化，并称为"中国史前三大玉文化中心"，在中华文明起源和形成过程中具有标志性地位，为研究5000年中华文明提供了实物例证。1998年，凌家滩遗址被评为"全国十大考古新发现"，2001年被列入第五批全国重点文物保护单位，2013年被确定为国家考古遗址公园立项单位，2021年入选中国"百年百大考古发现"，为安徽省唯一单位。2022年北京冬奥会奖牌背面图案，正是来源于凌家滩"玉双连璧"。

　　考古泰斗苏秉琦先生将我国数以千计的新石器时代遗址形容为深邃暗夜的"满天星斗"，而根植于江淮沃土之上、独具特点又兼容并蓄的凌家滩，无疑是这浩瀚夜空中那束灼灼闪耀的璀璨星光。此次展览再现了5000多年前中国史前治玉文化中心凌家滩的繁华盛景，精美的玉器、高超的技艺、独特的造型，展示着久远的古国形态和文明的曙光。

长江流域相对独立的考古学文化

凌家滩遗址是一处距今 5800—5300 年的新石器时代晚期文化遗存,独具特色的陶器、石器、玉器、墓葬以及祭坛等重要遗迹,构成了长江流域一种相对独立的考古学文化。著名考古学家张忠培先生说,凌家滩文化"有别于良渚文化,异于红山文化,彰显出强烈的自身个性,其显现的文化进程,领先于同期的其他文化"。

一　横空出世

　　裕溪河——长江下游的支流,是巢湖通往长江的唯
一水道,其北岸中段有一个曾经默默无名的自然村——
凌家滩。1985 年的秋天,村民在村北土岗上葬坟时挖出
一批玉器、石器,自此,这座沉睡地下 5000 多年的远古
聚落横空出世。

含山

巢湖

裕溪河

后河

前河

凌家滩

长 江

大别山

薛家岗遗址

凌家滩遗址在长江下游的位置示意图

玉耀长河　凌家滩文化展

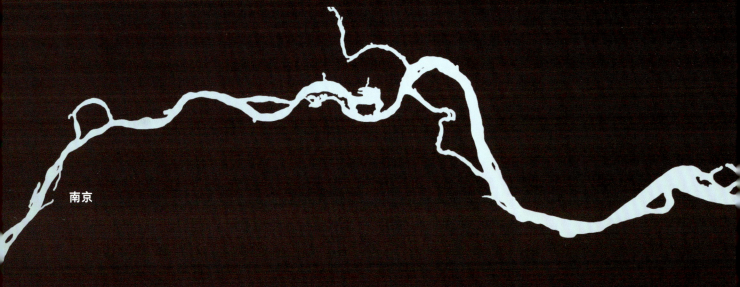

南京

马鞍山

石臼湖

太湖

1. 地理位置

　　凌家滩遗址位于安徽省马鞍山市含山县铜闸镇西南部。北靠太湖山、南临裕溪河，东距长江 35 千米，西距我国第五大淡水湖巢湖 20 千米。

凌家滩遗址自然风貌

2. 自然环境

　　凌家滩遗址主要分布在凌家滩村、贾庄村及其附近。北距太湖山 5 千米,南与裕溪河河滩地相连。遗址区域东西长约 2.6 千米,南北宽约 1 千米,总面积约 220 万平方米。北部最高点海拔 26 米,南部河滩地海拔 6.7 米,地表主要为庄稼、灌木以及现代坟墓。

凌家滩遗址地貌鸟瞰图

凌家滩裕溪河旧貌

凌家滩裕溪河旧貌

凌家滩田园风貌

第一单元
长江流域相对独立的考古学文化

凌家滩田园风貌

3. 初露端倪

　　1985 年秋，村民葬坟时挖出玉环、石锄、石凿、石铲等，随即上报文物管理部门。经安徽省文物考古研究所实地勘察，确定其为一处内容极其丰富的新石器时代晚期文化遗存。

玉环
征集品

新石器时代
外径 7.5 厘米，内径 5.6 厘米，厚 0.6 厘米
外径 3.3 厘米，内径 1.6 厘米，厚 0.5 厘米

玉环

考古编号: 87M7:26

新石器时代
外径 3 厘米, 内径 1.5 厘米
厚 0.5 厘米

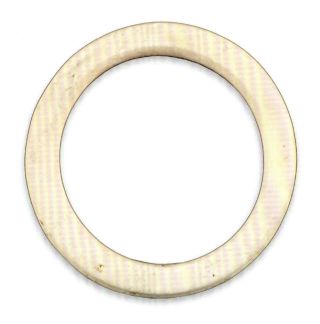

玉环

考古编号: 87M10:5

新石器时代
外径 4.4 厘米，内径 3.3 厘米
厚 0.3 厘米

石斧

考古编号：TW18N7 ①层下

新石器时代
长 15.4 厘米，宽 8.3 厘米
厚 4.3 厘米

石斧
考古编号：TW14N9(T64) ② :1

新石器时代
长 8 厘米，宽 4.9 厘米
厚 2 厘米

石斧
考古编号：TW15N10 ① :2

新石器时代
长 11.1 厘米，宽 4.9 厘米
厚 2.7 厘米

4. 揭开面纱

　　1987 年 6 月至 2022 年 9 月，安徽省文物考古研究所对凌家滩遗址进行了 15 次考古发掘。发现 5000 多年前墓葬 68 座、大型石筑祭坛 1 处，以及内外壕沟、灰坑、房址及与建筑相关的红烧土遗迹等，出土玉器、石器、陶器 3000 余件，揭开了凌家滩遗址的神秘面纱。

凌家滩遗址历次发掘情况表

序号	发掘时间	发掘面积	发掘地点
1	1987 年 6 月	50 平方米	墓葬祭祀区
2	1987 年 11 月	275 平方米	墓葬祭祀区
3	1998 年 10 月至 1998 年 11 月	1825 平方米	墓葬祭祀区、生活区（石头
4	2000 年 10 月至 2000 年 11 月	410 平方米	墓葬祭祀区、生活区（村中
5	2007 年 5 月至 2007 年 7 月	450 平方米	墓葬祭祀区
6	2013 年 4 月	330 平方米	生活区（石头圩）
7	2014 年 4 月至 2014 年 6 月	271.5 平方米	墓葬祭祀区、生活区（石头
8	2015 年 5 月至 2015 年 6 月	239 平方米	生活区（南半坎）
9	2016 年 11 月	临时清理	墓葬祭祀区
10	2017 年 4 月至 2017 年 6 月	180 平方米	生活区（石家圩、养鸡场）
11	2017 年 10 月至 2018 年 1 月	410 平方米	生活区（石头圩）
12—14	2020 年至 2022 年	2000 平方米	生活区

玉耀上河 凌家滩文化展

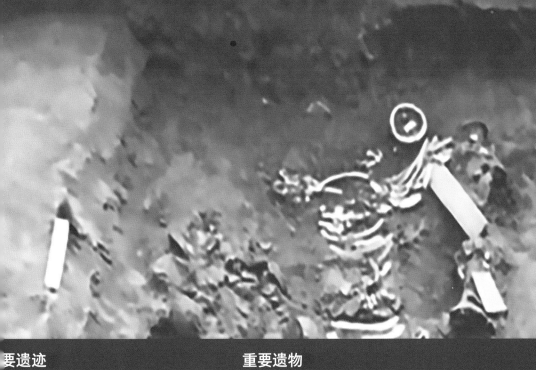

要遗迹	重要遗物
莘4座	玉人、玉龟、玉版等129件及陶器等
莘11座	虎首璜等360余件玉器及陶器等
莘29座、石筑祭坛1处、房址1处	玉人、玉鹰、玉龙等315件玉器、玉料及陶器等
莘20座、红烧土密集区	玉器、玉料35件及陶器等
莘4座	玉器、玉料等约300件及陶器等
型红烧土层	石器、陶器等生活用品
勾、灰坑	石器、陶器等生活用品
朮水沟	石器、陶器等生活用品
壹1座	玉器、玉料等约50件
豪沟	
豪沟、灰坑	
尧土文化层	陶器、玉石器等生活用品

凌家滩发掘现场记录

1998 年发掘现场

1987 年发掘现场

2007 年发掘现场

玉耀长河 凌家滩文化展

2020 年发掘现场

石凿
考古编号: 87M8:18

新石器时代
长 7.2 厘米，宽 1.3 厘米
厚 1.3 厘米
重 25.9 克

石凿
考古编号: 98M9:19

新石器时代
长 7.3 厘米，宽 1.2 厘米
厚 1.3 厘米
重 21.3 克

二　饮食劳作

　　5000多年前，凌家滩先民挖槽建房，种稻采果，狩
猎捕鱼，制陶纺织，形成了居有定所、食有肉稻的生活方
式，出现了较为发达的农业、手工业，有一整套的石质生
产工具，如开荒、伐木的石斧，整修木材的石锛、石凿等
木作工具，制作玉、石器的砺石，还有纺线用的陶纺轮，
体现了当时经济形态的特点。

1. 木骨泥墙

　　筑屋建房以避风雨寒暑是保障人类生存的基本技能，5000多年前的凌家滩先民就已掌握了较为成熟的房屋建造技术。他们先以红烧土块填充房屋基槽，再以木（竹）棍为墙骨立于基槽，然后以黏土沿基槽和墙骨堆塑墙体，有的成形后再经火烧，使墙体更加牢固，最后以稻秸、茅草等铺作屋面。

石斧及石斧装柄示意图

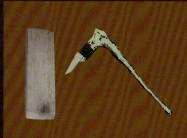
石锛及石锛装柄示意图

石凿及石凿装柄示意图

【石斧—砍伐木材】
● 挖掘整块木头

● 砍木

【石锛—修整木材】
● 刨木

木作工具使用方法示意图

玉耀上河 凌家滩文化展

约2米

已清理的柱洞

未清理的柱洞

红烧土块、房屋墙体（残件）照片

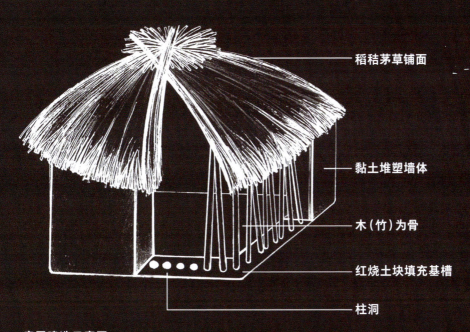

稻秸茅草铺面

黏土堆塑墙体

木（竹）为骨

红烧土块填充基槽

柱洞

房屋建造示意图

石锛
征集品

新石器时代
长 31.2 厘米，宽 9.1 厘米
厚 3.3 厘米

石锛
征集品

新石器时代
长 31.4 厘米，宽 7.8 厘米
厚 3.3 厘米

石锛

考古编号：87M6:61

新石器时代
长 16.8 厘米，宽 6.5 厘米
厚 1.4 厘米
重 364.1 克

石锛
考古编号: 87M6:53

新石器时代
长 28.5 厘米, 宽 4.4 厘米
厚 2.4 厘米

石锛
考古编号: 87M14:15

新石器时代
长 23.4 厘米, 宽 8.9 厘米
厚 1.7 厘米
重 588 克

石锤

考古编号: TW18N8 ① :1

新石器时代
长 15.1 厘米, 宽 6 厘米
厚 4.8 厘米

石斧

考古编号: 87M7:5

新石器时代
长 15.1 厘米, 宽 5.2 厘米
厚 1.2 厘米

猪骨、鹿骨、鸟骨、鱼骨等照片

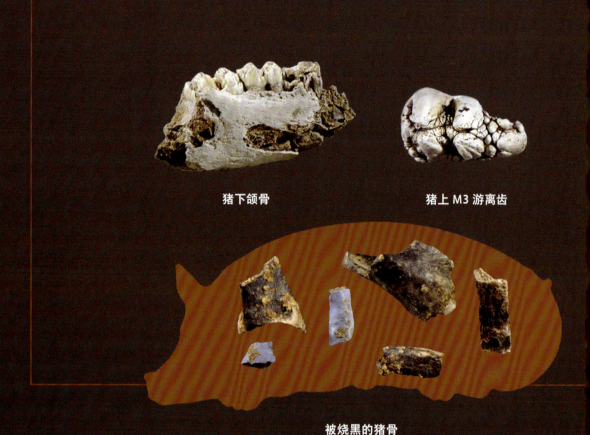

猪下颌骨   猪上 M3 游离齿

被烧黑的猪骨

2. 饭稻羹鱼

　　凌家滩地势跌宕、河湖密布,宜人的气候、充足的水源、肥沃的土地、丰富的资源,优越的生态系统适宜人类生活和繁衍。种稻摘果、渔猎畜养成为凌家滩先民攫取食物的主要方式:农作物以水稻为主,采摘的野生植物则以莲藕最多;圈养家畜以猪为主,渔猎的野生动物则以鹿、鱼、鸟为多。

玉耀上河 凌家滩文化展

鸟肢骨

鱼脊椎骨

稻属　　　　薏苡属　　　　莲藕　　　　栎属

水稻残粒与采摘的野生植物照片

陶弹丸

考古编号：TW18N9 ④ :3

新石器时代
直径 1.8 厘米

陶弹丸

考古编号：TW18N9 ④ :5

新石器时代
直径 1.9 厘米

陶球

考古编号：TW18N9 ⑤ :1

新石器时代
直径 3.2 厘米

陶球

考古编号：TW18N9 ⑥ :1

新石器时代
直径 2.7 厘米

陶丸

考古编号：TW15N13 ② :44

新石器时代
直径均为 1.5 厘米

红陶网坠
考古编号: TW16N13K3:1

新石器时代
长 3.2 厘米, 宽 4.2 厘米
厚 2.1 厘米

红陶网坠

考古编号: TW16N13K4:1

新石器时代
长 3.2 厘米, 宽 4.3 厘米
厚 2.8 厘米

3. 抟土成器

　　5000多年前,凌家滩先民已掌握制陶技术。早期以圈筑、贴塑等方法手制为主,晚期出现少量轮制;泥质用器大都经过粗泥淘洗、制胎、刷浆等工艺,少量外表涂一层红皮以增加美观与实用,一些胎体厚重的用器,胎土中添加粗砂粒和石英粒以增加耐火性。数量众多且功能多元的陶器的出现,说明凌家滩先民已不再茹毛饮血,而鼎盛期瓠形杯、鬶的增多,似乎反映了生活方式的变化。

炊器			水器	
陶鼎	陶鼎	陶鬶	陶壶	陶壶

出土的陶器分类示意图（炊器、水器、食器、盛器等）

陶垫、陶拍、陶片等制陶工具标本照片

轮制法　　　　模制法　　　　手制法

制陶工艺方法

食器　　　　　　　　　盛器

陶钵　　　　　陶盆　　　　　　陶缸　　　　　陶罐

鼎足

考古编号：TW17N13 ② :2

新石器时代
长 11.4 厘米，宽 4.5 厘米
厚 4.2 厘米

鼎足

考古编号：TW17N13 ⑫ :2

新石器时代
长 13.7 厘米，宽 8 厘米
厚 3.3 厘米

乳丁纹腹片
考古编号: TW17N14 K4:1

新石器时代
长 8.6 厘米, 宽 7.4 厘米
厚 1.6 厘米

腹片
采集品

新石器时代
长 18.2 厘米, 宽 8.1 厘米
厚 1.8 厘米

陶鼎

考古编号: 2013HDW TG3 ⑤ :1

新石器时代
口径 22.5 厘米,腹径 25 厘米
高 15.4 厘米

陶鼎

考古编号: TW15N12 ⑦ :1

新石器时代
口径 22.4 厘米,腹径 25.6 厘米
高 22.4 厘米

陶鼎

考古编号: 2013HDWTG2 ④ :2

新石器时代
口径 11.5 厘米, 腹径 14.2 厘米
高 12.8 厘米

陶鼎

考古编号: 2013HDW TG3 ⑦ :1

新石器时代
口径 18 厘米, 腹径 20 厘米
高 16.1 厘米

陶钵

考古编号: 2013HDW TG2 ④ :2

新石器时代
口径 19.4 厘米, 底径 12.5 厘米
高 8.1 厘米

4. 纺线琢玉

纺轮是纺织最重要的原始工具，通过旋转将丝、麻拧成线，再织成布。凌家滩遗址出土众多陶纺轮，证明早在 5000 多年前凌家滩先民就已掌握一定的纺织技术。

砺石是加工玉器最主要的原始工具，遗址不仅出土了大量精美的玉器，还在祭台西侧约 150 米处集中发现了一批砺石及玉料、边角废料，说明当时已有专门的玉器加工作坊，不仅加工技术相当成熟，而且生产渐成规模。

古人纺轮的使用方式

我国西南少数民族纺轮的使用方式

纺轮复原图

转锭纺纱图

砺石使用图

陶纺轮

考古编号: TW47N88 G9 ① C:1

新石器时代
外径 4.6 厘米, 内径 0.6 厘米
厚 1 厘米

陶纺轮

考古编号: TW47N89 G9 ③ :1

新石器时代
外径 5.8 厘米, 内径 1 厘米
厚 1.3 厘米

陶纺轮

考古编号：TW47N88 G9 ③:1

新石器时代
外径 5.3 厘米，内径 0.8 厘米
厚 1.8 厘米

陶纺轮
采集品

新石器时代
外径 5.5 厘米，内径 0.4 厘米
厚 0.8 厘米

三 宗教信仰

　　图腾崇拜是原始宗教的最初形式,而祭祀、丧葬则是原始宗教最常见的表现形式。凌家滩遗址出土多件猪形象的精美玉器,表明对猪的图腾崇拜是构成凌家滩文化的重要成分;聚落最高处发现的祭坛遗迹,说明当时已有举行宗教仪式的场所,反映出凌家滩先民已有强烈的原始宗教意识;而发掘的墓葬尤其高等级墓葬,则显示出原始宗教在凌家滩已相对成熟并具有规范的葬仪。

1. 图腾崇拜

　　凌家滩遗址不仅出土多件猪形玉器,有的器物上还刻画出猪的形象。其中,最接近祭坛中心的 07M23 填土中发现的玉猪,通长 72 厘米,重达 88 千克,口、鼻、眼、耳及獠牙刻画逼真,是目前中国在新石器时代发现最大、最重、年代最久远的玉猪,堪称中华第一玉猪。可见,野猪是当时最具有图腾性质的神物。

玉石猪

考古编号:07 临 T1(3):5

新石器时代
长 72 厘米,宽 32 厘米
重 88000 克

凌家滩文化展

玉豕（玛瑙玉猪）

考古编号：87M13:1

新石器时代
长 6.9 厘米，宽 2.7 厘米
厚 1.3 厘米

玉珩

考古编号：87M17:12

新石器时代
外径 5.7 厘米，内径 1.2 厘米
孔径 0.3 厘米，厚 0.3 厘米
重 6.7 克

玉珩

考古编号: 87M17:13

新石器时代
外径 5.7 厘米, 内径 1.2 厘米
孔径 0.3 厘米, 厚 0.3 厘米
重 6.7 克

玉珩

考古编号: 87M17:19

新石器时代
外径 4.2 厘米, 内径 1 厘米
孔径 0.3 厘米, 厚 0.3 厘米
重 5.7 克

玉璜

考古编号：98M9:15

新石器时代
外径 9.9 厘米，内径 2.7 厘米
厚 0.3 厘米
重 16.4 克

玉璜

考古编号：87T12 ② :27

新石器时代
外径 9.8 厘米，内径 3.2 厘米
厚 3.2 厘米
重 33.9 克

玉璜

考古编号：87M3:2

新石器时代
长 14.8 厘米，宽 2 厘米
孔径 0.3 厘米—0.6 厘米
高 0.1 厘米—0.6 厘米
重 30 克

玉璜

考古编号：87M17:32

新石器时代
外径 12.6 厘米，内径 9.4 厘米
孔径 0.3 厘米，厚 0.4 厘米
重 11.6 克

玉镯
考古编号: 87M14:30

新石器时代
外径 8.1 厘米, 内径 6.3 厘米
厚 1.1 厘米

玉镯
考古编号: 87M8:4

新石器时代
外径 7.7 厘米, 内径 5.6 厘米
厚 0.5 厘米

玉玦
征集品

新石器时代
外径 3.3 厘米，内径 1.4 厘米
口宽 0.2 厘米，厚 0.4 厘米

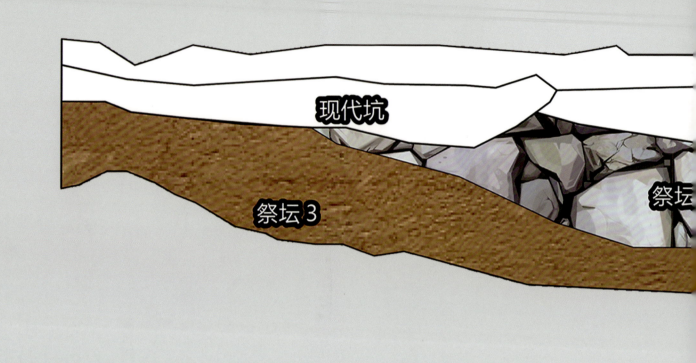

现代坑

祭坛 ③

祭坛

2. 崇祀重祭

凌家滩祭坛遗址是中国已知较早的一处祭坛遗址，呈正南北向长方形，现存面积约 600 平方米。祭坛上有 4 处用于祭祀的"积石圈"和 3 个长方形祭祀坑，祭坛东南角还有草木灰遗迹，草木灰堆积很厚，推测为祭祀时用火的地方。祭坛及周边有较多墓葬，其中南半部多为贵族墓，随葬有大量玉石器。

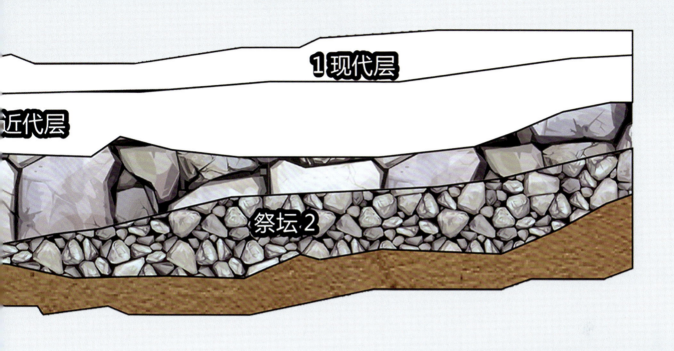

祭坛剖面图   ◎ 采用分层建筑方法，共三层，最下面用纯净黄斑土铺垫，中层用灰白色胶泥
                    掺和小石块、石英碎块、小石子等搅拌铺筑，上层用较大的石块铺垫。

祭祀场景复原示意图

与红山文化祭坛、良渚文化祭坛对比

红山文化祭坛

红山文化祭坛在多个地点均有发现，是以石块筑成方形或圆形，东山嘴遗址、朝阳市牛河梁遗址、半拉山遗址都有发现。牛河梁遗址第二地点的圆形祭坛，是用石块筑成三重圆的石桩界，形成三层台基；第五地点发现的长方形祭坛，石面平坦，四边砌筑整齐。祭坛附近有墓葬，部分随葬较多玉器。

良渚文化祭坛

良渚文化祭坛在瑶山、汇观山遗址均有发现。瑶山祭坛是用红色、灰色和黄褐色三种颜色的土围成3圈近方形的结构，最内为夯筑的红土台，外以灰土筑围沟，形成"回"字形框；沟之西、北、南三面又以黄褐色土筑土台，台面铺砾石，其西、北再以砾石建石磡；坛体南半部有两排贵族墓，一部分打破了祭坛本身，随葬大量玉石器。汇观山祭坛利用山体修建，作长方形覆斗状，东西两侧有小沟，形成"回"字形灰土方框，西南部有4座大墓，有学者认为这种布局与天文观测有关。

东山嘴遗址祭坛

牛梁河遗址第五地点祭坛

牛河梁遗址第二地点的圆形祭坛

良渚瑶山文化祭坛

玉耀上河 凌家滩文化展

◎ 勺玉料呈灰白色,局部颜色因久埋而产生变化。此勺出土时断为数段。勺形窄而长,头部似舟,池部为下凹的弧形曲面,勺柄细长,近似片状,表面下凹,端部略宽,有一孔。

◎ 此玉勺工艺精致,边沿光滑平整,两侧对称性良好,勺头及柄部的凹面应为砣具砣出。其工艺水平与近代琢玉的差别不是很悬殊。勺柄较长,可以远伸,但薄而易折,使用时必须谨慎,因而不是通常情况下使用的餐具。其用途尚需进一步研究。

◎ 此玉勺为1987年安徽省含山县凌家滩墓葬出土。

玉勺
考古编号:87M4:26

新石器时代
长16.5厘米,宽2.8厘米

石钺

考古编号：TW15N6 ① b:1

新石器时代
长 8.1 厘米，宽 11.8 厘米
外孔径 2.4 厘米，内孔径 1.5 厘米
厚 1.9 厘米

石钺

考古编号：TW18N12 ② :1

新石器时代
长 17 厘米，宽 13 厘米
外孔径 3.1 厘米，内孔径 1 厘米
厚 2.1 厘米

石钺

考古编号: 87M6:22

新石器时代
长 13.1 厘米, 刃宽 11.9 厘米
顶宽 9.4 厘米, 厚 1.4 厘米

石钺

考古编号: 87M6:17

新石器时代
长 17 厘米, 刃宽 12.3 厘米
厚 1.6 厘米

3. 丧规葬仪

　　丧葬礼仪是另一个世界的社会规范,原始人极为重视。凌家滩文化已形成了一套相对成熟的葬仪,各种随葬器物的摆放已有一定规则,特别是贵族墓的葬仪更为成熟。

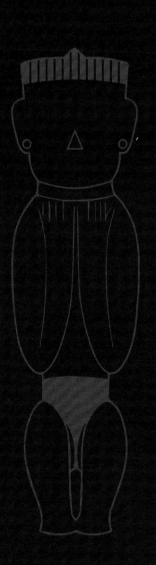

墓葬与祭坛分布图

玉鹰(98M29:6)

坐玉人(98M29:14)

玉钺(87M11:

玉耀上河　凌家滩文化展

墓葬及祭祀区遗存
功能类型示意图

0　5　10　20m

图例

墓葬集中区
出土重要玉器或玉钺的墓葬
出土其它玉器或石钺的墓葬
出土玉芯的墓葬
未出土玉器和石钺的墓葬
考古信息不明确的墓葬
其它遗迹分布

墓葬集中区

北区(低等级墓葬区)

西北区
(较高等级墓葬区)

中区(中低等级墓葬区)

西南区
(较高等级墓葬区)

南区
(高等级墓葬区)

东区
(较高等级墓葬区)

注：墓葬分区依据安徽省考古研究所编著《凌家滩：田野考古发掘报告之一》一书内严文明先生所作序

00M12
00M5
00M13
00M20
00M18
00M4
98M17
00M9　00M2
00M6
00M7
00M3
00M8
7号
00M10
98M13　98M5
98M8　98M11　98M6
5号　98M3
6号　98M4
98M18
98M22
98M24　98M15　98M12
98M9
98M28　98M21
98M19　98M20　87M9　87M13
98M23
98M26　4号
J2　J1
87M17　87M12
98M25　98M30
87M10　87M11　98M14
98M31　87M7　98M27
87M6　87M10
87M8
98M32　07H18
87M15　07M28　98M7　07H11　石头遗迹
98M29　87M2　87M3　87M1
98M16　87M4

玉龟（87M4：35）　玉版（87M4：30）　立玉人（87M1：1）　玉钺（98M6：2）　玉龙（98M16：2）

器物摆放示意图

玦

一般是作为耳饰，位于墓主的头部两侧。也有的置于墓内单纯作为耳饰之用。

环
镯

多成串置于身体两侧，应是下葬前套在墓主人手臂上，与出土套使用，或散置于墓内各处的。

斧

钺

多数置于墓主两侧，应贴近棺壁平放或斜立。少部分放置在墓一件较大的石钺。

玉耀长河 凌家滩文化展

23有20余件散置，显然已不是

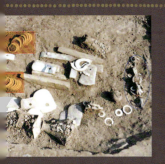

现完全一样。此外也有与组璜配

王墓主的胸部或上腹部，常压有

璜

有单璜和组璜，是墓主人配戴在胸前的饰品。单璜常见于等级较低的墓中。组璜大都排成直线，位于墓主人的胸部。凌家滩文化的组璜是目前国内最早的组璜实例，其成熟形式直到距今3000—2500年的西周—春秋时期才完善。

锛

锛是凌家滩最主要的器类之一，在各墓中放置方式不一，其中一种较为特别，即在棺底铺满一层甚至几层。

石钺

考古编号：87T1208 ⑤ :12

新石器时代
长 18 厘米，宽 17.5 厘米
厚 1.1 厘米

石钺

考古编号：87M6:9

新石器时代
长 17 厘米，宽 10.1 厘米
厚 1.6 厘米
重 419.1 克

石钺

考古编号：87M6:33

新石器时代
长 15.3 厘米，宽 12.5 厘米
孔径 3.2 厘米，厚 1.6 厘米
重 482 克

石钺

考古编号：98M28:19

新石器时代
长 15.6 厘米，宽 12.8 厘米
孔径 3.5 厘米，厚 1.3 厘米
重 457.3 克

石钺

考古编号：98M28:15

新石器时代
长 11.5 厘米，宽 9.5 厘米
厚 1.3 厘米
重 276.9 克

石钺

考古编号：87M6:10

新石器时代
长 14 厘米，宽 12.4 厘米
孔径 2.9 厘米，厚 1.5 厘米
重 419.2 克

石锛

考古编号: 87M6:14

新石器时代
长 7.8 厘米, 宽 3.3 厘米
厚 1.6 厘米
重 71.2 克

石锛

考古编号: 87M6:12

新石器时代
长 9.4 厘米, 宽 2.9 厘米
高 1.4 厘米
重 69 克

石锛

考古编号: 87M6:13

新石器时代
长 8.2 厘米, 宽 2.3 厘米
厚 1 厘米
重 44.2 克

石锛（87M6:12）侧面图

石锛（87M6:13）侧面图

石锛

考古编号: 98M21:5

新石器时代
长 26.1 厘米, 宽 5.6 厘米
高 1.2 厘米
重 508 克

石锛

考古编号: 87M6:15

新石器时代
长 8.5 厘米, 宽 3.1 厘米
厚 1.1 厘米
重 61.7 克

石锛

考古编号: 87M6:59

新石器时代
长 11.6 厘米, 宽 4.6 厘米
厚 0.7 厘米
重 96.6 克

石锛

考古编号: 87M6:38

新石器时代
长 7.6 厘米, 宽 2.2 厘米
厚 0.9 厘米
重 32.9 克

石锛（98M21:5）断口

中国史前治玉中心和第一个高峰

玉石器是凌家滩文化最耀眼的出土品，历次发掘出土玉器、边角料、玉料等1100余件，石器500余件。凌家滩是中国史前又一处治玉中心，采用的技术有切割、打磨、减地、阴刻、镂雕、钻孔、抛光等，工艺也达到了中国玉器发展史上的第一个高峰，代表了当时东亚玉器制作的最高水平。多样的选料、奇异的造型、复杂的技术，给我们带来一个个难解之谜。

不同质地、不同颜色的玉器

不同质地、不同颜色的石器

玉耀上河 凌家滩文化展

一　琢玉成器

玉不琢不成器,早在新石器时代中晚期,玉器就已作为神权、财富、权力的象征。5500多年前,凌家滩先民在长期的生活、生产实践中,掌握了玉石选料和制作工艺,将一块块玉石雕琢成精美的礼器、饰件。

1. 玉石选料

以凌家滩遗址为中心、半径50—100千米范围内矿藏充分,玉石器的选料相当丰富。凌家滩先民一般从质地、质感、颜色等方面,选取玉石原料中品型较好、色泽鲜艳且美观的岩石。

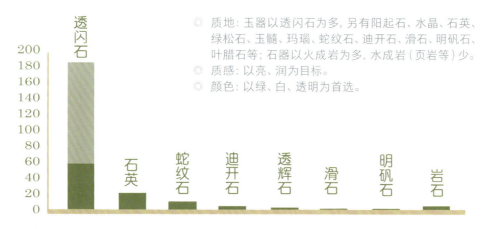

◎ 质地:玉器以透闪石为多,另有阳起石、水晶、石英、绿松石、玉髓、玛瑙、蛇纹石、迪开石、滑石、明矾石、叶腊石等;石器以火成岩为多,水成岩(页岩等)少。
◎ 质感:以亮、润为目标。
◎ 颜色:以绿、白、透明为首选。

凌家滩出土玉器、石器材质、品种比对表

玉饰残件

考古编号: 87M9:61

新石器时代
残长 1.9 厘米，宽 0.7 厘米
厚 0.4 厘米
重 0.8 克

玉料

考古编号: 87M8:19

新石器时代
长 6.4 厘米, 宽 2.8 厘米
厚 1.2 厘米
重 16.2 克

碎玉料

考古编号: 98M9:20-1; -2

新石器时代
外径 5.3 厘米, 内径 1.2 厘米
厚 0.5 厘米—1 厘米
重 10.8 克

玉料

考古编号: 98M15:15-1

新石器时代
长 4.7 厘米
重 30.3 克

玉料

考古编号: 98M15:15-2

新石器时代
长 4 厘米, 宽 2.5 厘米
厚 1 厘米
重 13.8 克

玉料

考古编号: 98M15:15-3

新石器时代
长 3.5 厘米, 宽 1.5 厘米
厚 1 厘米
重 7.1 克

玉料

考古编号: 98T0808 ③ :1

新石器时代
长 3.3 厘米, 宽 2 厘米
厚 0.8 厘米
重 8.2 克

2. 制作工具

制作工具主要是石质工具：打磨器物的砺石、钻孔和打磨的钻，个别球状石器也可能为工具。凌家滩神奇的玉石器，是靠这些东西加奇巧的工艺制作出来的。

砺石

◎ 砺石数量最多，是制作的最主要工具，起到打磨作用。不同形态、不同材质的应有功能上的不同。

打磨石（模拟图）

玉耀上河 凌家滩文化展

石钻

◎ 石钻为一种较特别的工具，顶端都有类似螺旋的痕迹。一般认为其与钻孔、打磨孔缘有关，也有专家认为它是承轴器。其中，98M23 号墓出土的石钻长 6.3 厘米，一端粗，一端细，两端都有类似螺旋状的痕迹，器体有两条轴线，由力学角度看，应有不同功能。

石钻钻孔姿势（模拟图）

石钻

考古编号：8M23:6

新石器时代
长 6.3 厘米，宽 2.5 厘米
厚 1.2 厘米

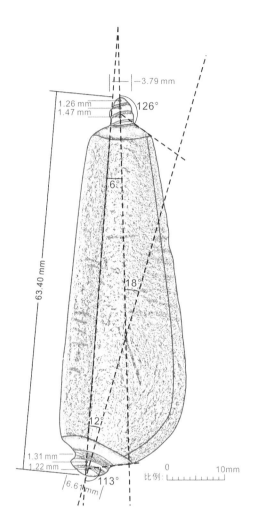

石钻的尺寸与力学结构示意图

玉珠	玉珠	玉珠
考古编号：98M29:23	考古编号：98M29:27	考古编号：98M29:35
新石器时代	新石器时代	新石器时代
圆径 1.2 厘米，孔径 0.4 厘米	圆径 1.2 厘米，孔径 0.4 厘米	圆径 1.2 厘米，孔径 0.4 厘米

纽扣形饰
考古编号：87M9:60

新石器时代
直径 1.2 厘米，高 0.7 厘米
孔径 0.2 厘米
重 2.1 克

纽扣形饰
考古编号：87M9:58

新石器时代
直径 1.4 厘米，高 3.8 厘米
孔径 0.3 厘米
重 2.3 克

玉饰
考古编号：87M14:43

新石器时代
长 6.4 厘米，宽 1.6 厘米
厚 0.2 厘米—0.4 厘米
重 5.1 克

玉饰

考古编号: 87M14:12

新石器时代
高 0.5 厘米,喇叭口壁厚 0.1 厘米
口径 1.6 厘米,孔径 0.6 厘米
重 1.1 克

坠饰
考古编号：87M9:38

新石器时代
高 2.3 厘米，宽 3.5 厘米
厚 0.3 厘米

坠饰
考古编号: 87M9:6

新石器时代
高 1.9 厘米，宽 3.8 厘米
厚 0.5 厘米

3. 制作工艺

　　凌家滩的玉石器制作工艺十分发达,已具备一整套加工技术。但是,处于初始阶段的新技术使得玉器偏重于立体形态的表现,纹饰制作还较为简约。实心钻、管钻技术已得到广泛使用,掏膛、减地、阴线刻、镂孔、线锼、浅浮雕等体现了工艺的多样化。

切割技术　◎　切割技术是凌家滩玉、石器制作中最基本、最重要的技术,通过切割可以把玉、石料合理分配,制成各种毛坯。切割技术包括片切割、线切割两种。

片切割技术:一般用硬质薄片工具直接在玉石上来回切割,常留下直线状痕迹。

片切割痕迹

片切割工艺

玉耀长河 凌家滩文化展

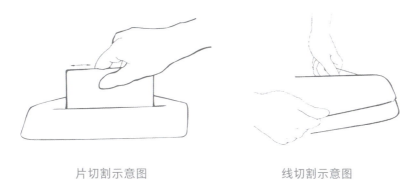

片切割示意图   线切割示意图

线切割技术: 一般用湿线绳在玉石上来回切割, 切割时不断加砂, 常留下弧形的痕迹。

线切割工艺   线切割留下的凹痕

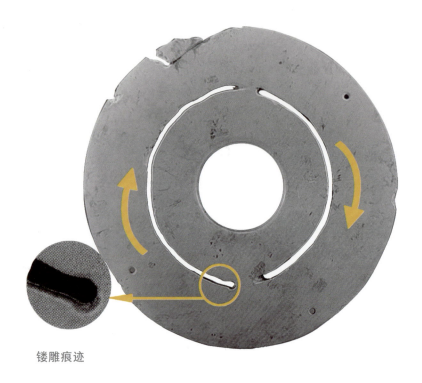

镂雕痕迹

镂雕技术 ◎ 凌家滩的镂雕技术是目前所见最早的实例,数量极少。一般是通过先钻孔再线锼的方式镂雕出曲线。由于镂雕曲线的技术难度较大,以至于曲线并不流畅,但这种技术为后来薛家岗和良渚的复杂线锼镂雕工艺打下了基础。

玉双连璧

考古编号: 87T1207 ② :22

新石器时代
外径 11.2 厘米, 内径 2.9 厘米
厚 0.5 厘米

钻孔技术　◎ 凌家滩的钻孔技术十分发达，主要包括实心钻与管钻两种技术，按照成孔方向的不同，又可分为单面钻和双面钻。在钻孔方式上，实心钻技术使用非常广泛，管钻技术使用也较普遍，并且能够钻出隧孔。

实心钻技术：用实心木棍、尖锥状小石头等工具加砂进行钻孔，有些孔可以钻得极小，是凌家滩的一种高尖精技术。

玉耀上河 凌家滩文化展

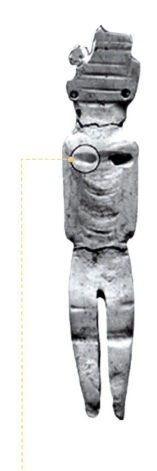

管钻后遗留的孔芯

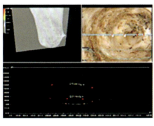

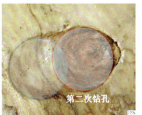

第一次钻孔　　　　　第二次钻孔

管钻技术:用空心管(竹管等)旋转加砂进行钻孔,中间钻空后常会留下孔芯。
如果器物较厚,还需要两面对钻,往往因对钻时相向的角度没有对准,造成孔
芯错位。一般在钻到一定深度时,会将钻芯敲下。

◎ 孔径 1.5 毫米, 在 50 倍显微镜下, 孔内还存留一截直径仅为 0.15 毫米
　的管钻玉芯, 这种工艺至今仍是谜。

石钺
考古编号: 98M21:15

新石器时代
长 18.9 厘米, 宽 11.3 厘米
厚 0.9 厘米, 孔径 1.6 厘米
重 309 克

玉钺
考古编号: 98M28:7

新石器时代
长 13.8 厘米, 宽 7.2 厘米
大孔径 1.6 厘米, 小孔径 0.9 厘米
重 182 克

石钺（98M21:15）局部图

玉璧

考古编号: 98M18:9

新石器时代
外径 4.7 厘米, 内径 1.6 厘米
厚 0.6 厘米

玉璧

考古编号: 98M28:6

新石器时代
外径 7.7 厘米—8 厘米, 内径 1.6 厘米
厚 0.7 厘米
重 67 克

玉璧

考古编号: 87M9:13

新石器时代
外径 5.3 厘米, 内径 1.2 厘米
厚 0.5 厘米—1 厘米
重 49 克

玉双连环

考古编号: 87M15:107-2

新石器时代
大圆外径 3.5 厘米
小圆外径 3 厘米
通高 6.7 厘米, 厚 0.2 厘米

玉芯

考古编号: 98M9:18

新石器时代
高 0.7 厘米, 宽 1.1 厘米
重 1.2 克

红山
文化

凌家滩
文化

良渚
文化

二　玉见文明

　　距今 5500 多年前，中国东部地区盛行以玉石礼器
为代表的玉文化。东北红山文化的牛河梁和东山嘴遗址，
东南良渚文化的反山、瑶山墓地以及凌家滩遗址，三处
史前玉器的代表性地点在1980—1987年间先后被发现，
特征明显，出土了大量玉器，并且都有祭坛类遗迹，由此
确立了中国史前时期的红山、凌家滩、良渚三大玉文化
中心的地位。

（三大玉文化要素对比及玉器差异参见附录四、附录五）

中华文明多元一体的发祥地之一

社会分化、人口集中,高端手工业、区域中心的形成,反映出凌家滩的社会已出现复杂化迹象,并具有了中华早期文明的部分特质,崭露出文明的曙光。聚落布局展现的社会管理能力、高端玉器赋予的礼制含义、墓葬分级体现的社会分化、精美玉饰彰显的审美取向,无不表明鼎盛时期的凌家滩社会已踏入古国或文明社会的初期阶段。

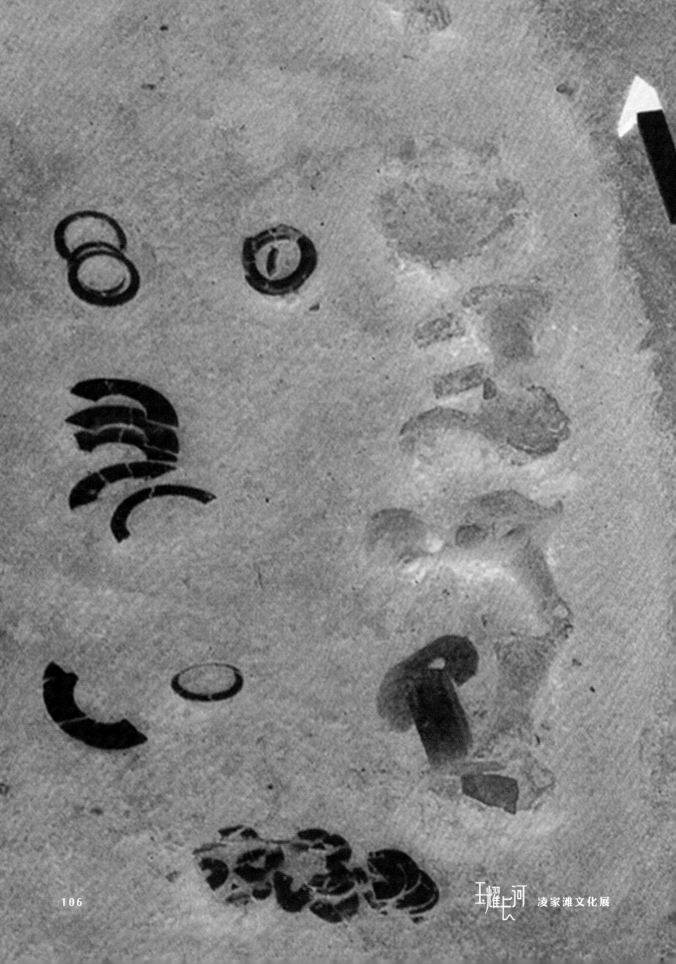

玉耀长河 凌家滩文化展

一 审美觉醒

审美是人类社会实践的产物,也是人类文明发展的见证。凌家滩遗址出土了众多玉质璜、镯、环、玦、珠、管及形制较为特殊的饰件,这些饰品不仅体现了权力、地位和财富,也反映了 5000 多年前凌家滩先民审美意识的觉醒。

1. 琼琚有璜

璜,半璧也,距今 6000 多年前开始出现的一种佩饰。中国史前时期的玉璜主要分布在长江中下游和黄淮地区,尤以长江下游最为密集。凌家滩的玉璜形态多样,有器体瘦窄的弧状条形、折角桥形,宽体的半环形、半璧形等。

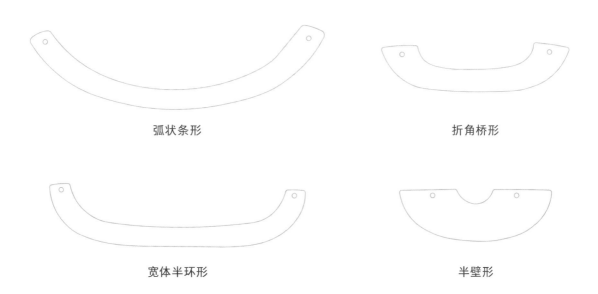

弧状条形

折角桥形

宽体半环形

半壁形

齿纹璜　◎ 璜中的复杂形态,一般出现在宽体璜上,通过对边缘减地、刻齿,使之更加美观。齿纹璜基本上沿长江分布,而凌家滩是目前齿纹璜发现最多、最早的地点。

玉璜
考古编号:87M8:27

新石器时代
孔径 0.2 厘米,外径 11 厘米
内径 2 厘米
厚 0.3 厘米

玉璜局部图

玉璜
考古编号: 98M15:10

新石器时代
外径 12 厘米, 内径 5.4 厘米
孔径 0.3 厘米, 厚 0.4 厘米

组璜 ◎ 多个璜通过不同的组合串成一组挂在胸前，或以璜为核心配以环等饰品组成一个复杂的礼仪形态，也有个别璜与成组的璜配套挂在颈项背后。凌家滩出现的组璜是中国组璜出现最早的实例。

凌家滩墓葬中的组璜

河南虢国墓地玉组璜（距今约 2800 年

山西晋侯墓地组璜（距今约 2500 年）

玉璜（87M15:50）局部图

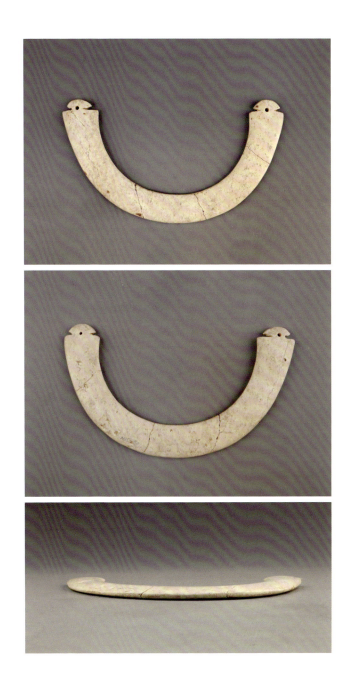

玉璜
考古编号: 87M15:50

新石器时代
外径 16 厘米, 内径 10.8 厘米
宽 2.6 厘米, 厚 0.5 厘米

玉璜

考古编号：87M15:45

新石器时代
外径 12.5 厘米，内径 9.5 厘米
孔径 0.3 厘米，厚 0.5 厘米

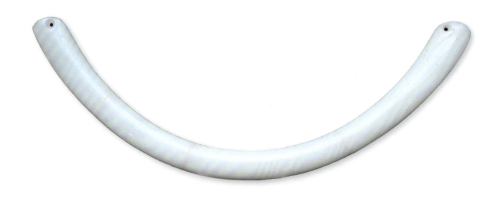

玉璜

考古编号：98T0807 ③:8

新石器时代
外径 17.9 厘米，内径 15.5 厘米
孔径 0.2 厘米，厚 0.9 厘米
重 38 克

玉璜

考古编号：87M10:8

新石器时代
外径 11.6 厘米
厚 0.5 厘米

玉璜

考古编号：87M11:4

新石器时代
外径 11.5 厘米，宽 2.7 厘米
厚 0.5 厘米

2. 臂饰有环

　　凌家滩出土玉环、玉镯较多，是当时的重要饰品。玉环、玉镯既有大、中、小之分，也有断后拼合而成的，在接合处各对钻两孔。一般佩带在手臂上，少数可在脚踝上，另有一些小环应为组合饰品。

玉齿环

考古编号：87T0909 ② :9

新石器时代
外径 9.9 厘米，宽 1.1 厘米
厚 0.1 厘米—0.4 厘米

凌家滩文化展

玉齿环（87T0909②:9）局部图

玉镯

考古编号：87M14:10、11

新石器时代
外径 5.9 厘米，内径 4.2 厘米
厚 0.8 厘米
重 24.2 克

玉镯

考古编号：87M9:13

新石器时代
外径 7.7 厘米，内径 5.7 厘米
厚 0.6 厘米
重 81.9 克

玉环

考古编号：87M14:27

新石器时代
外径 4.6 厘米，内径 3.5 厘米
厚 1.1 厘米

玉镯

考古编号: 87M17:37

新石器时代
外径 9.2 厘米, 内径 6.1 厘米
厚 1.2 厘米
重 32 克

玉镯

考古编号: 87M9:40

新石器时代
外径 5.8 厘米, 内径 5 厘米
厚 0.5 厘米
重 30 克

3. 耳饰有玦

玉有缺则为玦——玦是戴在耳朵上的饰品，是我国最古老的玉饰，8000 多年前便已出现，主要有柱形和扁环形两种，另有少异形。凌家滩出土玉玦数量众多，均为扁环形，大小不一，大者外径约 6 厘米，小者约 2 厘米。

玉玦

考古编号: 98M16:32

新石器时代
口外径宽 0.3 厘米
中 0.25 厘米, 内宽 0.2 厘米
外径 2.7 厘米, 内径 1.3 厘米
厚 0.4 厘米

玉玦

考古编号: 87M14:9

新石器时代
长径 5.1 厘米, 短径 4.5 厘米
厚 0.5 厘米, 玦口宽 0.3 厘米
重 23 克

玉玦

考古编号: 87M8:63

新石器时代
外径 3.9 厘米, 内径 2.3 厘米
厚 0.4 厘米
重 10 克

玉耀长河 凌家滩文化展

玉玦
征集品

新石器时代
外径 4 厘米，内径 1.9 厘米
玦口宽 0.2 厘米
重 6 克

玉玦
征集品

新石器时代
外径 3.6 厘米，内径 2.1 厘米
玦口宽 0.2 厘米
重 10 克

4. 配饰有管

　　玉管有鼓形和亚腰形两种,其中亚腰形玉管特点明显,在凌家滩只出土于少数墓中,多成组出土,可与玉璜等组合成一套完整的配饰。

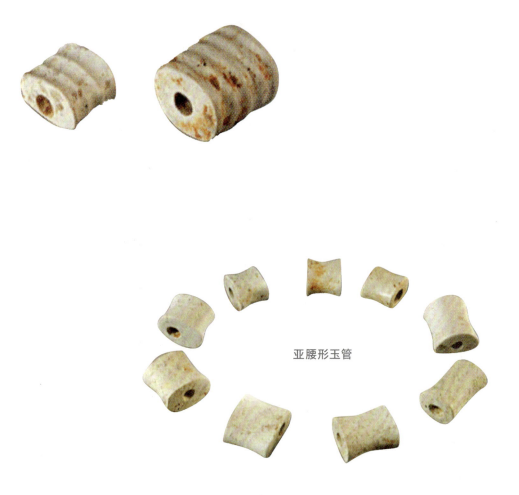

亚腰形玉管

玉管
考古编号：87M14:47

新石器时代
直径 1.7 厘米
孔径 0.5 厘米，高 0.85 厘米
重 3 克

玉管
考古编号：87M14:14-1

新石器时代
直径 1.6 厘米
孔径 0.6 厘米，高 0.9 厘米
重 3 克

玉管
考古编号：87M9:71-1

新石器时代
长径 1.6 厘米，短径 1.1 厘米
孔径 0.4 厘米，高 1.8 厘米
重 6 克

玉管
考古编号：87M9:9

新石器时代
直径 1.6 厘米
孔径 0.4 厘米，高 1.7 厘米
重 7 克

玉管
考古编号：87M9:70

新石器时代
长径 1.5 厘米，短径 0.5 厘米
孔径 0.4 厘米，高 2 厘米
重 5 克

玉管
考古编号：87M4:68-2

新石器时代
直径 1.6 厘米
孔径 0.5 厘米，高 5.9 厘米

玉管	玉管
考古编号: 87M15:102	考古编号: 87M15:100
新石器时代	新石器时代
长径 1.5 厘米，短径 1.1 厘米	长径 1.5 厘米，短径 1.1 厘米
孔径 0.3 厘米，高 1.5 厘米	孔径 0.3 厘米，高 1.5 厘米

玉管	玉管
考古编号: 87M15:96	考古编号: 87M15:99
新石器时代	新石器时代
长径 1.5 厘米，短径 1.1 厘米	长径 1.5 厘米，短径 1.1 厘米
孔径 0.3 厘米，高 1.5 厘米	孔径 0.3 厘米，高 1.5 厘米

玉管

考古编号: 87M15:98

新石器时代
长径 1.5 厘米, 短径 1.1 厘米
孔径 0.3 厘米, 高 1.5 厘米

玉管

考古编号: 87M15:97

新石器时代
长径 1.5 厘米, 短径 1.1 厘米
孔径 0.3 厘米, 高 1.5 厘米

5.饰物有玉

　　凌家滩遗址还出土了众多玉质饰件,雕琢精美,多
为其他器物上的装饰配件。尽管一些玉饰的功能不明,
但体现了人类审美意识萌芽阶段的审美取向。

玉冠饰

◎ 出土于 87M15 号墓墓主人
　的头部位置,应与头部戴冠
　的装饰有关,也被称为"介"
　字形冠。

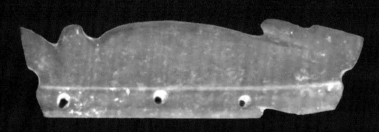

玉兔形饰

◎ 玉兔饰,灰白色。表面琢磨光滑。
　平面形体近似长方形。上部雕琢
　一兔子,右为头部,两耳紧贴背
　脊,兔尾上卷。下部为一长条形
　凹边,凹边上对钻四个圆孔,玉
　兔饰件应是一组合件。

玉燿上河 凌家滩文化展

人头冠形玉饰

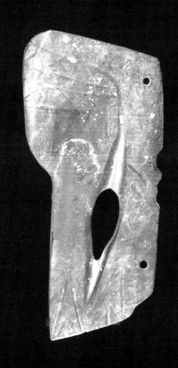

◎ 仅于87M4号墓出土1件。上端略宽，器身琢刻多道阴刻线，组成三角纹；器中镂空近椭圆形，左侧边沿琢凹槽，形似人的侧脸，上下两端各钻一孔。器物整体形似一人头戴羽冠，也有学者认为属梳背饰。

玉喇叭形饰

◎ 出土于98M16号墓，底心有钻孔，器身极薄，打磨精细，形状类似汉代喇叭形耳珰（或瑱），但功能可能不同，应是配饰或组合器物，或是附着于某种礼仪用器之上。

玉柄形饰

◎ 出土于87M15号墓，一端呈圆环形，有一细长扁形柄。圆环两面均阴刻一周线纹，柄阴刻叶脉纹。功用不清。

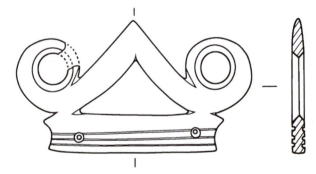

玉冠饰 (87M15:38) 线描图

玉冠饰

考古编号: 87M15:38

新石器时代
长 6.6 厘米, 高 3.6 厘米
厚 0.3 厘米

131

玉人头冠形饰
考古编号：87M4:40

新石器时代
长 8.9 厘米，宽 4.2 厘米
厚 0.3 厘米

玉喇叭
考古编号: 98M16:41

新石器时代
高 1.6 厘米, 宽 1.3 厘米

圆环柄形饰
考古编号: 87M15:16

新石器时代
环外径 2.5 厘米, 内径 1 厘米
柄高 2.2 厘米, 宽 0.7 厘米
通高 4.7 厘米

坠饰
考古编号：98M16:4

新石器时代
高 2.6 厘米，宽 1.6 厘米
厚 0.3 厘米

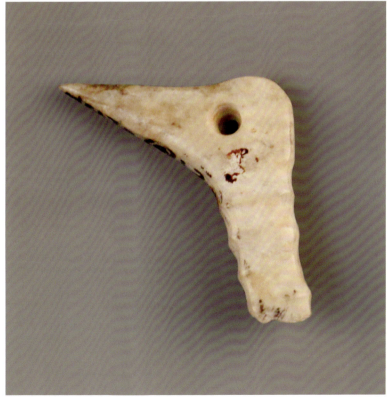

鸟头饰
考古编号：87T1107 ④ :2

新石器时代
高 2.4 厘米，嘴长 1.3 厘米
厚 0.5 厘米

二 礼法滥觞

　　崇拜作为一种宗教的原始形式,是中国传统礼法文化得以形成和发展的一种社会心理和行为。凌家滩遗址出土的高端玉石器具有深刻和复杂的原始崇拜含义,对后世中国礼法文化的形成具有开创意义。

1.尊神重礼

　　对神灵、祖先的崇拜是远古文化最重要的内涵之一,原始崇拜一般需借助特殊器物赋予其灵性,作为人神沟通的道具。凌家滩遗址出土的象生礼器、兵礼器,包括多数饰品都应与原始崇拜、礼仪有关。

1.1 玉鹰

◎ 98M29 号墓出土，这种形态的玉鹰目前是全国唯一一件。双面雕琢，内容相同，构图饱满、细腻。鹰作展翅状，鹰首侧视，两翼各雕一猪首，腹部饰有象征太阳光芒的圆圈纹及八角星纹。这件玉鹰既表现了威猛形象和飞翔时的动态之美，又表达了凌家滩先民对太阳、鹰和猪三位一体的复合崇拜。

与红山文化玉鸟、良渚文化玉鸟对比

◎ 红山文化玉鸟：整体造型近方形，鸟首圆突，两翼垂展，腹部外鼓，方尾，造型精简规范，背部有横钻对穿孔，用以穿缀。

◎ 良渚文化玉鸟：鸟形平展，尖喙短尾，两翼外张，作振翅奋飞状。鸟眼重圈，因眼部的切磨使得双眼之间稍起脊，背部各向两翼作斜向切磨，鸟头与背部之间有几道横向的切割线。背面钻有一对横向隧孔。

玉鹰

考古编号：98M29:6

新石器时代
通高 3.6 厘米，宽 6.35 厘米
厚 0.5 厘米

1.2　玉龙

◎ 仅于 98M16 号墓出土 1 件。两面雕刻基本相同，首尾弯曲相连。额有两角，脑门阴刻呈褶皱状线条，吻部突出，须、口、鼻、眼刻划清晰；脊背阴刻规整的圆弧线，圆弧线两侧对称阴刻 17 条斜纹，犹似龙鳞，靠近尾部对钻一圆孔，若悬挂时则头朝下，殊为特别。凌家滩玉龙形态已具备后世所谓龙的要素，有 "中华第一玉龙" 之誉。

与红山文化玉龙、良渚文化玉龙对比

◎ 红山文化玉龙：出土数量较多，地点准确的有 10 余件。器体较厚，首端雕动物形象，被认为或猪或熊，基本上首尾分离，常被称为 "玉猪龙"。

◎ 良渚文化玉龙：发掘出土的数量较多，器体较厚但均很小，小的只有指甲盖大小。有瘦长的圆雕玦形饰，也有不见缺口的龙首纹环、厚体小环等（有些俗称 "蚩尤环"），主要以纹样来表现，形态已不太具备常识中 "龙" 的样子。

玉耀长河　凌家滩文化展

玉龙
考古编号：98M16:2

新石器时代
长径 4.4 厘米，短径 3.9 厘米
厚 0.2 厘米

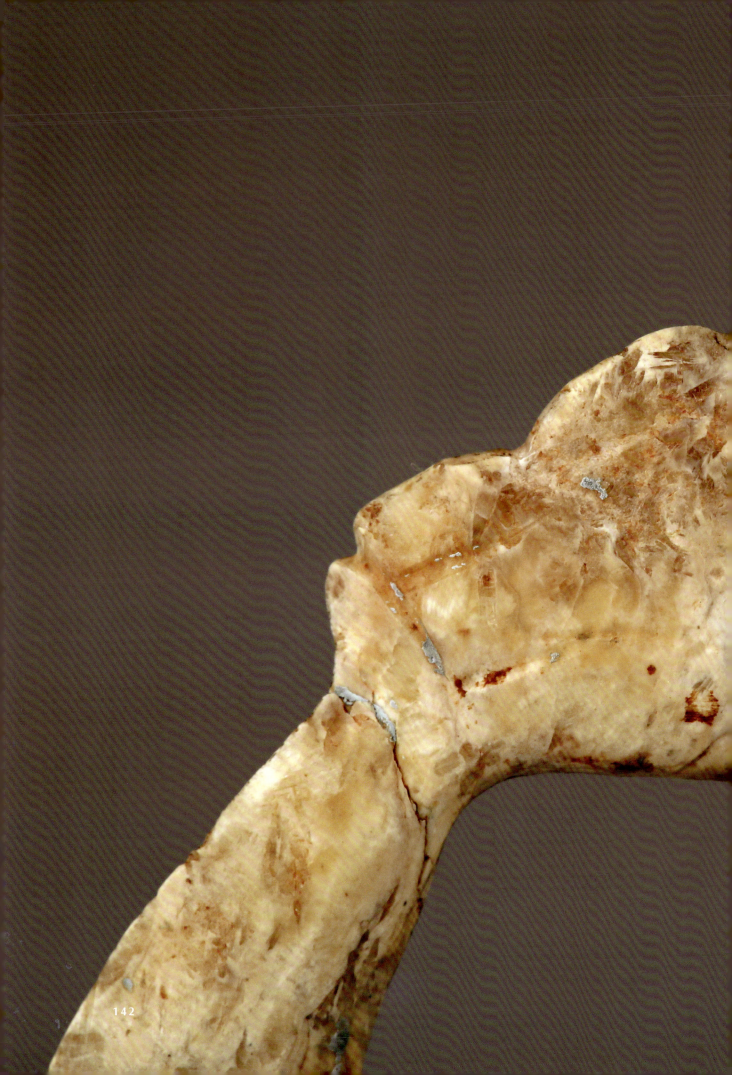

142

143

1.3 玉人

◎ 共计 6 件，3 件呈站姿，出土于 87M1 号墓；3 件呈蹲姿，出土于 98M29 号墓，面相和服饰几乎一致，均头戴纵梁冠，两耳垂穿孔，背部钻一对隧孔，上臂饰弦纹（象征镯环）。玉人均双臂弯曲，十指张开捂于胸前，面色庄重、虔诚，作祈祷状，表达了对天、地、神灵的敬颂与信仰。

与红山文化玉人、良渚文化玉人对比

高庙遗址戳印纹鸟

◎ 红山文化玉人：半圆雕，上宽下窄。大头圆脸，粗颈束腰，双腿并立。双眼为月牙形，鼻宽且短，嘴微张，两颊饱满，下颚呈圆颐状。前臂屈肘扶于胸前，十指张开，手心向内。

河姆渡遗址"双鸟朝阳"象牙雕

◎ 良渚文化玉人：构图奇巧，下部琢一曲肢男性人像，头戴平冠，冠上伸出一高冠状的饰物，饰物顶部立一神鸟，一只动物处在人、鸟之间，似在攀爬。

玉耀上河 凌家滩文化展

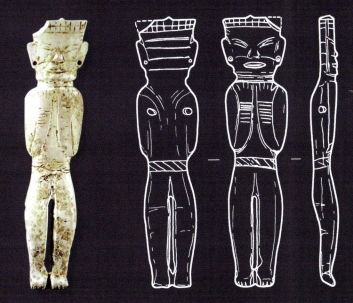

站姿玉人（87M1:3）及线描图

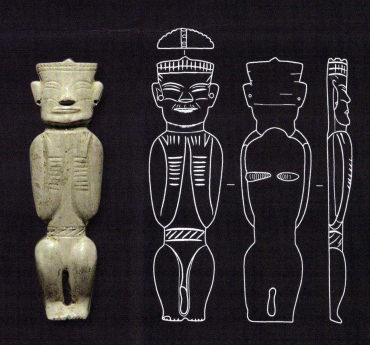

蹲姿玉人（98M29:15）及线描图

玉人（站姿）

考古编号: 87M1:3

新石器时代
长 9.9 厘米，最宽 2 厘米
厚 0.5 厘米

玉人（站姿）
考古编号：87M1:2

新石器时代
通高 9.3 厘米，最宽 1.9 厘米
厚 0.6 厘米

玉人（蹲姿）及拓片
考古编号：98M29:16

新石器时代
长 8.6 厘米，宽 2.4 厘米
厚 0.8 厘米

1.4　三角形玉饰

◎ 仅于 87M4 号墓出土 1 件。呈等腰三角形, 背
面光滑, 正面刻 18 对对称斜线组成叶脉纹,
底边对钻 4 个圆孔, 应为固定在其他器物上
的组合件。其造型与汉代常青树十分相似, 两
者内涵也似有相近。中国古代常以 "祭社" 形
式表达对土地神的崇拜, 普遍存在 "封土为坛、
立社种树" 之俗, 树往往成为 "社" 的象征。

三角形玉饰拓片与汉画像石常青树拓片对比图

三角形玉饰
考古编号：87M4:68-1

新石器时代
高 10.2 厘米，底边长 6.1 厘米
厚 3 厘米

1.5　玉斧、玉钺

◎　凌家滩遗址出土的玉质斧、钺总数较少，以钺为主。斧是一种窄体长舌形砍伐工具，后演化为权力（军权）、财富的象征；钺从斧发展而来，多宽扁有孔，个别刃角外撇成"风"字形，是权力地位和身份高贵的象征与体现。甲骨文中的"王"字就是象形的斧钺，证明了斧钺与王权有着密切关系。

玉斧

"风"字形玉钺（98M20:29）

甲骨文"王"字示意图

玉耀长河　凌家滩文化展

玉斧
征集品

新石器时代
长 23.6 厘米，宽 8.2 厘米
厚 1.2 厘米
重 427 克

玉钺
考古编号：87M2:5

新石器时代
长 12.8 厘米，顶宽 3.5 厘米
刃宽 5.4 厘米
外孔径 0.9 厘米，内孔径 0.7 厘米
厚 0.4 厘米—1 厘米
重 109 克

1.6 石钺、石戈

◎ 多数石钺体较厚、大孔、圆角, 其中彩石（花斑）钺属典型器, 具有特别的意义; 凌家滩目前发现最大的石钺长 36.4 厘米, 器表仅略磨平, 琢制较为粗糙, 应有特殊用途。凌家滩遗址仅于 98M29 号墓出土 2 件石戈, 应是礼仪用具, 其锋略偏, 似为商周时期戈的祖形。

石钺（87M15:25、98M29:74）

石戈

考古编号: 98M29:80

新石器时代
长 18.9 厘米,宽 9.5 厘米
厚 2 厘米

龟灵崇拜及利用龟甲占卜在我国由来已久，早在八九千年前，人们就开始使用实体龟甲，一直延续至今。而用玉来制作龟，则是从距今 5000 多年前凌家滩文化、红山文化、良渚文化开始的。

玉龟（龟甲）对比图

贾湖遗址出土龟甲

良渚文化玉龟

南河浜遗址陶龟背甲、腹甲

红山文化玉龟

2.1 玉龟形器

◎ 用龟是淮河流域久远的传统，后传播到很多区域，一般都与占卜有关，也有认为是巫医用来盛装医疗工具的。凌家滩遗址发现 3 件，均出土于 07M23 号墓。一件略具龟形，龟腹腔内置两枚玉签，一枚已残断；两件呈抽象龟形的扁圆筒状，筒内分别置一枚和两枚玉签。龟形器与玉签配伍，应与占卜有关。

玉龟形器（07M23:123、07M23:125、07M23:127）

◎ 出土于87M4号墓。玉龟形象酷肖，分背甲和腹甲，均钻有小孔，可穿系绳线连接固定两甲。玉版刻纹图像玄奥，是凌家滩遗址出土玉器中最为神秘的一件，亦是我国史前玉器中的孤品，对其解读众说纷纭，至今没有定论。

玉版刻纹图像示意图
【图像由内向外分三个层次】

第一层次
为中心小圆圈和其中的八角星形纹

第二层次
为依托小圆圈指向大圆圈的八个圭形"尖标"

第三层次
依托大圆圈指向玉版四角的四个圭形"尖标"

<table>
<tr>
<td>**原始八卦说**</td>
<td>五千年前，原始先民使用钻孔、画图的办法计数以代替五行交替的时节。玉版的八方图形与中心象征太阳的图形相配，符合我国古代的原始八卦理论，玉版周围的四、五、九、五之数与洛书"太一下行八卦之宫每四乃还中央"相合，根据古籍中八卦源于河图、洛书的记载，玉版图形所表现的应为原始八卦。</td>
<td>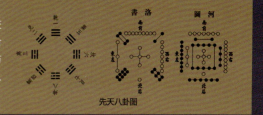
先天八卦图</td>
</tr>
</table>

<table>
<tr>
<td>**式盘说**</td>
<td>已经具备了汉代式盘的基本内容，其功用也与汉代式盘相同。</td>
<td> 
安徽阜阳汝阴侯墓汉代六壬式盘和太乙九宫占盘　　现代六壬式盘</td>
</tr>
</table>

<table>
<tr>
<td>**宇宙论**</td>
<td>类似用圆形、方形和线条来表现宇宙结构的图纹，体现的是中国远古以来的宇宙观念"天圆地方"的思想，也是原始人类宇宙观的体现。</td>
<td>**玉神面说**</td>
<td>以八角星纹为中心，以环璧形的重圈为主体，展现了四八方位，是稍后良渚文化玉琮形制造型理念的先声，是最早的"神面"。</td>
<td>
玉版图案与良渚玉琮仰视展开图</td>
</tr>
</table>

<table>
<tr>
<td>**天文准线说**</td>
<td>玉版与日晷图案在结构上的相似性表现为其基本数据的同一性，在表示冬夏二至日出入方位的地平数据上是一致的。可能是古代先民用以测日定时的原始日晷，反应了5000多年前的观象测时方法和时间制度。</td>
<td>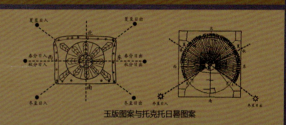
玉版图案与托克托日晷图案</td>
</tr>
</table>

玉版和玉龟出土时摆放的位置示意

玉龟背甲   玉龟腹甲

考古编号：87M4:35   考古编号：87M4:29

新石器时代   新石器时代

长 9.4 厘米，宽 7.5 厘米   长 7.9 厘米，宽 7.6 厘米

高 4.6 厘米   厚 0.5 厘米—0.6 厘米

玉版
考古编号: 87M4:30

新石器时代
长 11 厘米，宽 8.2 厘米

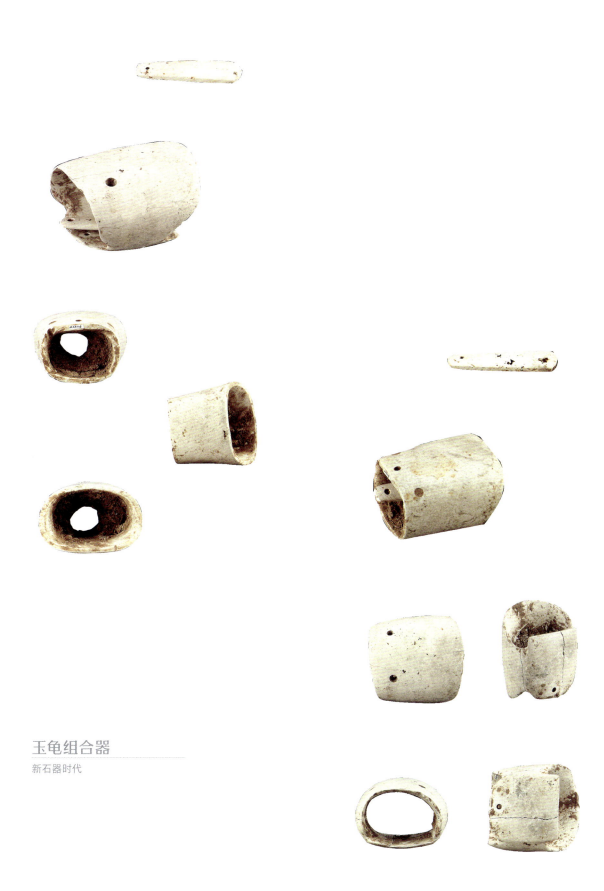

玉龟组合器

新石器时代

3. 盟约信证

盟约是中国礼法文化的重要内容，据《周礼·大司寇》记载，西周时期就已设置大司寇一职负责见证盟约文书的签署和收藏。而 5000 多年前的凌家滩社会尚无文字，多以"璜"的形式体现部落间的联盟、联姻。

偶合式璜

◎ 将一个完整的璜从中间断为两截，再通过钻孔、暗槽穿线而连接起来的一种璜式。凌家滩的偶合式璜两端常雕刻龙、虎或鸟形头像，其中以 87M9 号墓出土的龙凤玉璜最为典型。璜从中间分开，两端平齐，侧面各对钻一圆孔，并有暗槽相连；两端分别琢龙首、凤头，龙凤眼部作对穿圆孔。

玉龙凤璜

考古编号：87M9:17/87M9:18

新石器时代
外径 16.5 厘米，宽 1.5 厘米
厚 0.5 厘米

凌家滩文化展

双虎首璜

◎ 璜的两端刻有虎首的一种璜式。凌家滩遗址出土的双虎首璜,多数璜体完整,少量半断开,与偶合式璜有相近之处,有学者认为其与后世虎符功能相似,具有联盟、联姻的作用。

玉双虎首璜（璜体完整）
考古编号: 87M8:26

新石器时代
外径 11.9 厘米, 宽 1.5 厘米
厚 0.5 厘米

玉双虎首璜（璜体半断）
考古编号: 87M15:109

新石器时代

玉珩

考古编号: 87M17:10

新石器时代
外径 5.6 厘米，内径 1.3 厘米
厚 0.3 厘米

玉璜

考古编号: 98M31:1

新石器时代
孔径 0.45 厘米，长 8.9 厘米
厚 0.6 厘米

玉璜

考古编号: 87M17:35

新石器时代
外径 13.1 厘米, 内径 5.6 厘米
孔径 0.3 厘米, 厚 0.3 厘米
重 29 克

玉璜

考古编号: 98M28:2

新石器时代
外径 12.7 厘米, 内径 6.6 厘米
厚 0.3 厘米

社会分化是随着社会生产力发展而出现的。随着生产力的发展，鼎盛时期的凌家滩社会已出现十分明显的分层现象，这不仅从两级制聚落结构上得到体现，更从阶层分化、墓葬等级上得到充分印证。

1. 阶层分化

发掘资料显示，掌握神权和军权的人物占据凌家滩社会顶层，王权和军权已出现雏形。其中，仅掌军权者位居执掌两权的人物之下；所见材料中，无仅握神权者，推测应当有之，且地位应不低于仅掌军权者。当时社会已存在手工业和农业分工，手工业尤其制玉业是当时的先进产业，工匠具有一定的社会地位，当属中坚群体。

凌家滩阶层分化示意图

2. 墓葬分级

目前已发掘的 68 座新石器时代墓葬中,规格和随葬品差异巨大,可分为贵族墓、工匠墓、平民墓三个等级。贵族墓基本分布在墓地南部,墓穴较大,随葬几十至数百件玉器,特殊玉器均出自其中;制玉工匠社会地位较高,随葬较多玉石器,常有工具、玉芯、边角料;平民墓则多见石器、陶器,数量较少,体现了社会成员间已有明显的等级分化。

2.1　已发掘墓葬平面布局图

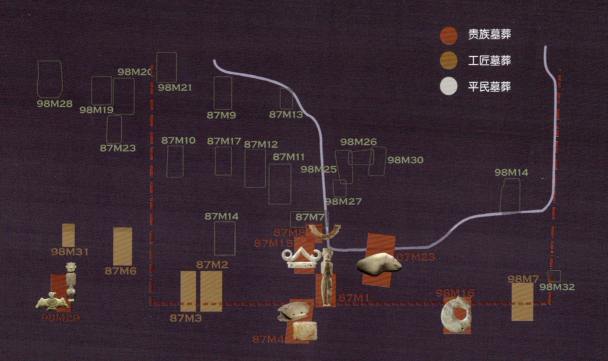

2.2　贵族墓

07M23 号墓平面图

◎ 07M23 号墓出土遗物 330 余件,玉器超过 200 件,石器近 100 件,腰部的 3 件玉龟(龟形器)尤为特别,墓坑填土之上还放置一件体形硕大的玉石猪。该墓是整个墓地中面积最大、随葬品最多的,所处的位置也是墓地的核心部位,是整个墓地中最重要的墓葬之一,堪称王者之墓。

凌家滩文化展

98M29 号墓平面图

◎ 98M29 号墓随葬器物 86 件, 其中陶器 16 件, 主要在墓内北端
墓主人脚部; 石器 18 件, 放置于墓内中部和北端; 玉器 52 件,
集中在墓中部往南两侧, 包括玉鹰和 3 件呈蹲踞姿态的玉人。

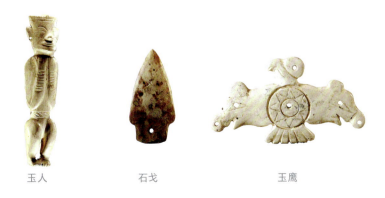

玉人　　　　　　石戈　　　　　　玉鹰

玉钺

考古编号: 87M8:43

新石器时代
长 18.9 厘米, 残宽 9.2 厘米
厚 1.2 厘米, 孔径 1.7 厘米
重 295 克

172

碧玉钺
考古编号：07M23:50

新石器时代
长 19.5 厘米，宽 9.8 厘米
厚 1.1 厘米

石钺

考古编号：87M17:3

新石器时代
长 17.8 厘米，刃宽 14.2 厘米
厚 1.2 厘米，孔径 4.8 厘米
重 496 克

石钺（87M17:3）局部图

石钺（87M8:33）局部图

石钺

考古编号：87M8:33

新石器时代
长 15 厘米，宽 9.2 厘米
厚 1.4 厘米，孔径 2 厘米
重 295 克

石钺

考古编号: 87M6:11

新石器时代
长 13.5 厘米, 宽 10.3 厘米
厚 1.35 厘米, 孔径 2.3 厘米
重 302 克

石钺

考古编号: 98M9:12

新石器时代
长 15 厘米, 宽 10.5 厘米
厚 1.55 厘米
重 483.5 克

石钺

考古编号: 98M28:12

新石器时代
长 17.8 厘米, 宽 13.6 厘米
厚 1.6 厘米
重 614.6 克

石钺

考古编号: 98M25:20

新石器时代
长 17.4 厘米, 宽 13.6 厘米
厚 1.3 厘米, 孔径 3.6 厘米
重 517.8 克

石钺

考古编号: 87M6:32

新石器时代
长 16.4 厘米, 宽 12.3 厘米
厚 1.5 厘米, 孔径 2.8 厘米
重 458.5 克

玉环
征集品

新石器时代
外径 6 厘米，内径 4 厘米
厚 0.8 厘米
重 23 克

玉环
征集品

新石器时代
外径 6.5 厘米，内径 4.6 厘米
厚 0.7 厘米
重 23 克

玉璧

考古编号: 87M7:31

新石器时代
外径 4.8 厘米, 内径 1.7 厘米
厚 0.5 厘米
重 11.7 克

玉环

征集品

新石器时代
外径 7 厘米, 内径 5.8 厘米
厚 0.8 厘米
重 29 克

玉丫形器

考古编号: 87M9:62

新石器时代
长 4.9 厘米, 宽 1.1 厘米
厚 0.5 厘米

2.3 工匠墓

98M20 号墓平面图

◎ 工匠是当时一个特殊的群体,社会地位较高,但内部也存在明显分化。98M20 号墓随葬器物 172 件,其中陶器 4 件、石器 45 件、玉器 123 件,111 件为玉芯和边角料;基本分两排摆放,玉石器器身多见制作痕迹。

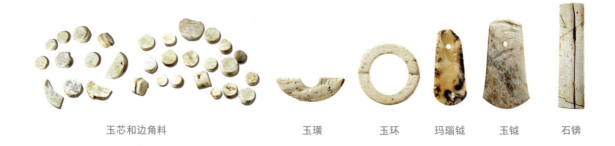

玉芯和边角料　　　　　　玉璜　　　玉环　　玛瑙钺　　玉钺　　石锛

玉耀上河 凌家滩文化展

98M23 号墓平面图

◎ 98M23 号墓仅随葬 10 件器物，其中有 1 件石钻、2 件砺石、2 件
    石芯，与 98M20 号墓差距较大。

石钻　　　　　　玉镯　　　　　　陶豆　　　　石钻、砺石、石芯出土情况

砺石

考古编号：TW17N11 ① C:1

新石器时代
长 8.7 厘米，宽 4.6 厘米
厚 1.1 厘米

砺石

考古编号：TW48N88 ③ :1

新石器时代
长 8.5 厘米，宽 6.8 厘米
厚 1.5 厘米

石凿
考古编号: TW47N88 G9 ① C:2

新石器时代
长 7.8 厘米, 宽 3.5 厘米
厚 2.7 厘米

石凿
考古编号: TW15N13 ③ :1

新石器时代
长 15.8 厘米, 宽 6.1 厘米
厚 2.2 厘米

石凿
考古编号: TW17N11 ② :30

新石器时代
长 9.5 厘米, 宽 2.8 厘米
厚 3 厘米

石锛

考古编号：TW17N11 ② :51

新石器时代
长 7.9 厘米，宽 4.9 厘米
厚 1 厘米

石锛

考古编号：TW17N11 ② :49

新石器时代
长 7.7 厘米，宽 5 厘米
厚 1.5 厘米

石锛
考古编号：TW15N11 ② :1

新石器时代
长 9 厘米，宽 3.8 厘米
厚 2.1 厘米

石锛
考古编号：TW17N11 ② :32

新石器时代
长 9.7 厘米，宽 3.9 厘米
厚 1.4 厘米

石锛
考古编号：TW15N13 ② :67

新石器时代
长 7.9 厘米，宽 4.2 厘米
厚 1.5 厘米

玉芯
考古编号: 98M9:18

新石器时代
外径 5.3 厘米, 内径 1.2 厘米
厚 0.5 厘米—1 厘米
重 10.8 克

2.4　平民墓

98M08 号墓平面图

◎ 98M08 号墓随葬器物 14 件，其中玉器 3 件、石器 5 件、陶器 6 件。

陶鼎　　　　　　陶豆　　　　　　陶罐　　　　　　陶壶

玉耀长河 凌家滩文化展

98M12 号墓平面图

◎ 98M12 号墓随葬器物 19 件,以陶器为主,有陶豆、罐、壶、鼎、杯等,
  唯一的玉环位于墓主人头部位置。

陶壶   石钺   玉镯

陶器口沿
考古编号: 2014HL TG1 西 56 ㉗ :27

新石器时代
口径 7.7 厘米, 腹径 8.2 厘米
高 3.3 厘米

陶豆底
考古编号: 2013HDW TG2 南扩方 ⑫ :4

新石器时代
上顶 7.5 厘米, 下底 14.8 厘米
高 5.3 厘米

陶三足盘

考古编号: 2014HL TG3 ⑦ :6

新石器时代
口径 23.7 厘米
高 7.1 厘米

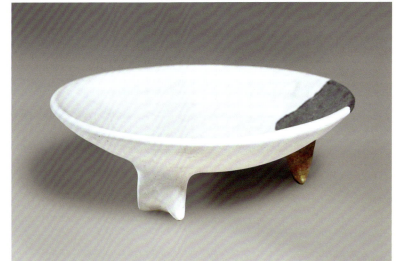

陶钵

考古编号: 2013HDW TG3 ⑧ :2

新石器时代
口径 16.4 厘米, 底口 17.2 厘米
高 7.6 厘米

陶罐

考古编号: TW16N13 ② :6

新石器时代
口径 6.7 厘米, 腹径 9 厘米
底径 4.6 厘米
高 6.5 厘米

四　城市发轫

　　城市是人类文明史的重要组成部分,最早的城市是人类劳动大分工的产物,其选址基本以依山临水、交通便捷、资源丰富为原则,而壕沟或城墙则是最重要的特征。凌家滩聚落北靠太湖山、南临裕溪河,居住环境已符合中国古代风水理论,清晰的功能分区展现的社会管理能力,已具备城市文明发轫的部分特有因素。

1. 聚落布局

　　凌家滩聚落主要分为居住区和墓葬区,核心生活区集中在沿裕溪河地带,西北内壕之外为祭坛和高等级墓葬区,而手工作坊区主要分布在聚落西部。清晰的功能分区,体现了当时已出现劳动分工和社会管理能力。

外壕沟

生活区

联接生活区与墓葬区的唯一通道

祭坛

墓葬区

生活区

内壕沟

内壕沟与祭坛墓地结构图

内壕沟北端的缺口位于祭坛、墓地的西南侧,是沟通生活区和墓葬区的唯一通道,宽约15米。

玉耀上河　凌家滩文化展

遗址分区示意图

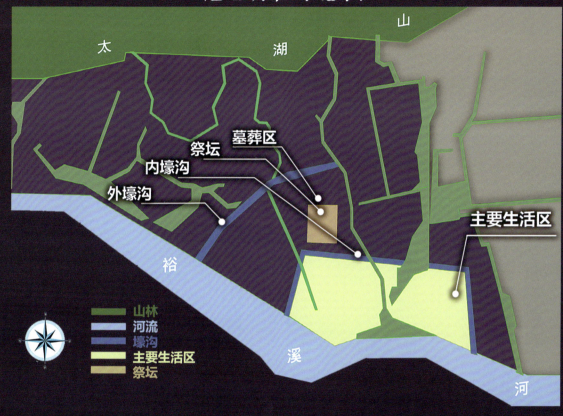

山

太 湖

墓葬区
祭坛
内壕沟
外壕沟

主要生活区

裕

溪

河

山林
河流
壕沟
主要生活区
祭坛

2. 城市雏形

凌家滩聚落为一条不完整的外壕环绕，居住区和墓葬区则以内壕为界，两条壕沟北端均有一处缺口作为通道，居住区还出现了水井、石墙和大量红陶块区。勘探调查显示，以凌家滩遗址为中心的 5 千米范围内散落了其他多个遗址，与凌家滩遗址共同构成规模庞大的新石

凌家滩遗址及周边遗址布局示意图

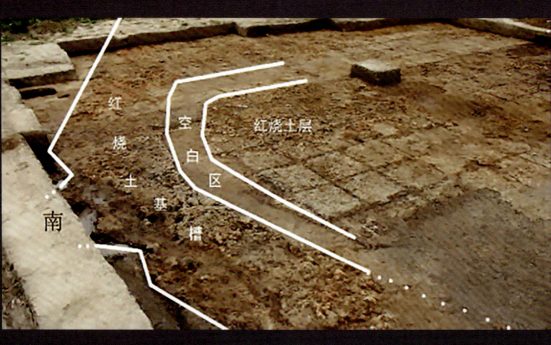

红烧土

红烧土

空白区

红烧土层

基槽

南

◎ 红烧土块遗迹分布在凌家滩自然村内，总面积约 3000 平方米，厚度 1.5 米。红烧土块经过高温烧制，质地坚硬，属人类有意识加工的建筑材料。凌家滩的红烧土块是中国人类建筑史上第二

水井

◎ 发现于红烧土块遗迹中，直径 1 米，深 3.8 米，上半部由红烧土块砌壁。井的出现说明凌家滩的先民已知道饮用干净卫生的井水，从另一个角度说明当时已步入文明社会。该井使用人工建筑材料和垒建技术，为中国国内已知最早实例。

石墙

◎ 发现于凌家滩遗址两块墓葬区的分界处，残高约 30 厘米，宽约 20 厘米，东北—西南走向，目前其总长、功能尚无法确定。该墙以大小、形状不一的小石块垒砌而成，表明凌家滩的先民们早在 5000 多年前就已经掌握了几何力学。

石璧

考古编号：87M1:11

新石器时代
直径 3.7 厘米，孔径 1.5 厘米

玉璧

考古编号：87M12:46

新石器时代
外径 5.4 厘米，内径 2.1 厘米
厚 0.3 厘米

玉璧
考古编号: 87M7:21

新石器时代
外径 4.7 厘米, 内径 1.7 厘米
厚 0.5 厘米

红烧土块

新石器时代

附录

文明对话

一　旧大陆早期文明

距今5000年前后旧大陆代表性文化

古埃及

生活用品和装饰品
(距今5500年左右)

金字塔
(距今5000—4500年)

涅伽达三期文字
(距今5000年左右)

爱琴海

基克拉迪群岛石雕
(距今4700—4300年)

两河流域

乌鲁克女神像
(距今5000年前)

乌鲁克石膏石瓶
(距今5000年前)

楔形文字
(距今5000年)

英国

巨石阵
(距今5000年前初建,
4000年前完成)

二 全球三大古代玉文化圈

古代文化在选择器物材质时有不同的传统：古埃及流行石制器具，爱琴海地区盛行石雕，亚欧草原崇尚黄金，亚洲东、南部喜好玉器。用玉传统除东北亚、东亚和南亚外，还有南太平洋、中美洲，被称为三大古代玉文化圈，前者始于10000多年前，后两者的用玉年代较晚，盛行于距今2000年之后。

玛雅文化与中美洲玉文化圈用玉

绿松石盘
墨西哥—前古典早期
（距今3800—3200年）

刻纹玉器
奥尔梅加文化—前古典时期
（距今3100—2600年）

戴贝壳女性像
特奥蒂瓦坎文化—古典时期
（距今1900—1350年）

玉人
特奥蒂瓦坎文化—古典时期
（距今1400年前）

亚洲东、南部玉文化圈用玉

最早的玉器出现在东北亚，距今5500年左右在西辽河流域、长江下游地区达到盛行并快速达到高峰，此后一直在整个亚洲东、南部长盛不衰。

玉玦
日本桑野遗址
（距今6000多年）

齿纹玉玦
朝鲜

翡翠勾玉
日本弥生时

玉杖
日本古坟时代前期
（距今约1700年）

大洋洲玉文化圈用玉

挂饰
（距今约200年）

中美洲　　　　　东亚和南亚　　　　　大洋洲

A 泉护文化
泉护遗址出土

B 庙底沟文化
河南三门峡市庙底沟遗址出土

C 大地湾文化
甘肃泰安大地湾遗址出土

D 大汶口文化
山东泰安大汶口墓地出土

E 油子岭文化
湖北天门龙嘴、谭家岭遗址出土

F 曲家岭文化

G 崧泽文化
浙江嘉兴南河滨遗址出土

玉耀上河 凌家滩文化展

三　5000年前中国主要文化特征

　　与凌家滩文化大致同时的中国各地文化也都进入了蓬勃发展期。但文化特质差异较大,表现形态各异,或玉器,或彩陶,或棺椁,或陶器和石器等,其中动物表现形式尤为精彩。凌家滩则以玉石器的形态多样、技艺高超而闻名,在中国史前文化中占有举足轻重的地位。

四　三大玉文化要素对比图

龙

为首尾相蜷, 吻部凸出, 多数像玉玦的形状, 谨慎的研究者则称之为兽面玦形饰。一般认为是复合型的动物形象, 也有认为是仿自虫蛹或蜷体虫。

鸟

两翼皆展开, 尾部呈方形或扇形, 多数造型简洁饰简单, 唯凌家滩玉鹰造型独特, 纹饰繁多, 似□种寓意。

红山文化

红山玉龙

出土数量较多, 地点准确的有10余件。器体较厚, 首端雕动物形象, 或认为猪或认为是熊, 基本上首、尾分离, 常被称为"玉猪龙"。

红山玉鸟

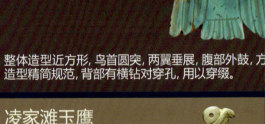

整体造型近方形, 鸟首圆突, 两翼垂展, 腹部外鼓, 方造型精简规范, 背部有横钻对穿孔, 用以穿缀。

凌家滩文化

凌家滩玉龙

目前只见1件。器体扁平, 首尾相接, 身上刻纹似鳞片, 与传统认识中"龙"的形象十分相似。也有研究者认为应是"玉虎"。

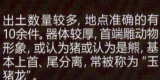

凌家滩玉鹰

鹰嘴如钩, 鹰眼突出, 用对钻孔眼表现, 胸部饰八角纹, 星纹内一圆, 圆内钻孔穿透, 双翼舒展, 翼尾呈□形, 猪眼和猪鼻孔皆为穿透的钻孔。器物正反纹饰□一样。

良渚文化

良渚玉龙

发掘出土数量较多, 器体较厚, 小的只有指甲盖大小。有瘦长的圆雕玦形饰, 也有不见缺口的龙首纹环、厚体小环等(俗称"蚩尤环"), 主要以纹样来表现, 形态不太具备常识中的"龙"形。

良渚玉鸟

鸟形平展, 尖喙短尾, 两翼外张, 作振翅奋飞状。鸟眼重圈, 因眼部的切磨使得双眼之间稍起脊, 背部各向两翼作斜向切□, 鸟头与背部之间有横向的切割线。背面钻有一对横□孔。

龟（鳖）

山和良渚文化玉龟大都表现为头颈前伸，四爪外露，
爬行状，红山文化中还有少量玉鳖，形象逼真。凌家
玉龟仅有空龟壳外形，无头无爪，其中一件与刻纹玉
一起出土，意义特殊。

人

站立或蹲（跪）姿，多数前臂屈肘，置于胸前作祈祷状，
面部表情丰富，雕刻细节上各具特征。

红山玉龟【鳖】

前伸，嘴部光圆。背略呈多边形，背部无纹饰，有四足和短
腹底面竖状突脊下横钻一长孔。

红山玉人

半圆雕，上宽下窄。大头圆脸，
粗颈束腰，双腿并立。双眼月
牙形，鼻宽且短，嘴微张，两颊
饱满，下颚呈圆颐状。前臂屈肘
扶于胸前，十指张开状，手心向
内。

凌家滩玉龟

件，一为具像龟形，一为简约龟形，均出于墓
腹部。87M4的玉龟分背甲、腹甲两部分，
边有穿孔，刻图玉版也在其旁，当与占卜有
07M23的玉龟与2件玉龟状扁圆形器同
内有可晃动的长条形玉器悬挂。

凌家滩玉人

长方脸，浓眉大眼，蒜头鼻，大
耳，两耳坠部各钻一孔，腰部饰有
腰带，双脚内扣，脚拇指相接。头
戴纵梁冠，冠上饰方格纹，冠顶
为三角形纵梁。双臂弯曲，双手置
于胸前，腕臂上各饰数道横线表
示环镯。

良渚玉龟

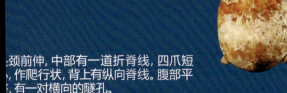

颈前伸，中部有一道折脊线，四爪短
作爬行状，背上有纵向脊线。腹部平
有一对横向的隧孔。

良渚玉人

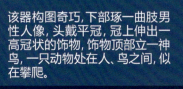

该器构图奇巧，下部琢一曲肢男
性人像，头戴平冠，冠上伸出一
高冠状的饰物，饰物顶部立一神
鸟，一只动物处在人、鸟之间，似
在攀爬。

五　三大文化玉器的差异

红山
文化

勾云形器

淡绿色玉，长方形板状，上下、左右近于对称，有正反面之分，正面磨出顺佩体走向的瓦沟纹，反面无纹，顺短边横钻4孔。

斜口筒形器

碧绿色玉，长筒形，筒扁圆，长筒面略有内弯，筒内有明显线割痕，一端斜口，口沿薄似刃，平口一端两侧各钻一孔，出土时枕于头下。

凌家滩
文化

玉冠饰

表面琢磨光滑，器顶呈"人"字形，也称"介"字冠。两侧向上卷成透空圆。底部长方形，两端略束腰，上琢磨三条凹槽，两端各钻一圆孔。

虎首璜

扁平弧形，两面纹饰相同。两端各雕虎首，用阴线雕刻出鼻、嘴，钻孔为眼，面部浮雕耳、脑、吻部及前爪。阴线花纹表现虎身花纹，造型独特。

玉琮

良渚文化的标志性器物。早期呈近圆筒形，矮体，中空，四角锐折；晚期以较高的多节长方体为主。一般在四角展开雕琢半神人兽面纹，眼部重圈，带冠。

良渚
文化

玉锥形器和三叉形器

良渚文化的标志性器物。锥形器呈圆锥或方锥形，一般有榫头，常成组出现。三叉形器呈半圆形，三叉顶端有孔。两者或与长管一起为配套使用，或为戴在头冠上的饰品。

玉璧

良渚文化的标志性器物。孔径较小，器体厚重，内孔大多以管具双向对钻而成，孔壁常保留管钻旋磨痕或对钻不齐的台阶现象。绝大多数为素面，极少数在器表刻有台阶状纹饰，台阶上偶有站立的小鸟。

214

六 专家学者对凌家滩遗址的评价

凌家滩是中华文明的重要起源地之一

在凌家滩发现的高等级贵族墓葬和规模宏大的祭祀遗迹,说明早在5300多年前,中国出现了国家雏形、迎来了文明的曙光。凌家滩文化具有鲜明的地域和时代特点,在中华文明起源和形成过程中具有标志性地位,凌家滩是中华文明的重要起源地之一。

——"中华文明探源工程"课题组

凌家滩是一支独立的考古学文化

凌家滩的玉器有别于良渚文化、异于红山文化,彰显出强烈的自身个性,其显现的文化进程领先于同期的其他文化。回溯其所处年代,当谓中国只此一家,世界别无分店。凌家滩的总体文化面貌具有一定的地域性,可看作是一支独立的考古学文化,或可称之为凌家滩文化。

——张忠培
著名考古学家、故宫博物院原院长、中国考古学会理事长

长江下游首先走上文明化道路的先锋队

可以毫不夸张地说，在长江下游，凌家滩人是首先走上文明化道路的先锋队。虽然直到目前为止，我们还不知道他们的后继者是一个什么情况，是不是曾经拿过接力棒进一步奔向文明社会。但从各种情况分析，在凌家滩之后，文化发展的重心可能有所转移。至少玉石业的重心转到太湖流域的良渚文化那里去了。

——严文明
著名考古学家、北京大学考古文博学院资深教授

同时期诸史前文化发展水平最高的代表

在中国文明起源过程中，凌家滩文化是一个极为重要的发展阶段的代表，是中华文明起源过程中占有显著地位的代表性文化遗存，是我国玉礼器起源的首个中心。这种以玉礼器为主要特点的十分深厚的文化内涵，肇始于凌家滩文化，是我国进入古国发展阶段的先导。

——朱乃诚
中国社会科学院考古研究所研究员

凌家滩与大汶口文化相互影响说

在以陶器为代表的普通实物遗存中，凌家滩与大汶口文化之间存在着较多相同或相似的文化因素。从总体上看，凌家滩墓地来自大汶口文化的因素多一些，相反的

情况则明显较少。两者之间不仅在普通的日常生活方面有着较为密切的交往，即使在不太好捕捉的思想、意识和信仰层面，也具有深刻的内在联系。

——栾丰实

山东大学东方考古研究中心教授

安徽南部的凌家滩遗址，是良渚文化前身——崧泽文化时期的安徽南部中心性遗址。

——王巍

"中华文明探源工程"首席专家

这是中国考古学胜利的成果，也是历史里程碑性的发现。

——饶宗颐

著名国学大师、香港中文大学教授

结　语

　　中华文明既具有全球文明的普遍特征，也有自身独特的发展道路，其中农业的发展、高端手工业及珍贵物品、贵族墓地、公共设施等成为判断早期中华文明发展进程的重要标志。

　　以凌家滩遗址为中心的聚落群，人口开始集中，社会已有明显的阶层分化，高端手工业和珍贵物品居全国同时期之先，诸多特点表现出它已具有了中华早期文明的部分特质，开始进入早期古国阶段，并对同时期或稍晚的其他文化产生了重要影响，在中华文明形成过程中具有标志性地位。

玉耀长河 凌家滩文化展

图书在版编目（ＣＩＰ）数据

玉耀长河：凌家滩文化展 ／ 杭州市萧山跨湖桥遗址
博物馆，含山博物馆，含山县凌家滩遗址管理处编著．——
杭州：浙江大学出版社，2023.11
ISBN 978-7-308-24361-2

Ⅰ．①玉… Ⅱ．①杭… ②含… ③含… Ⅲ．①文物－
含山县－图录 Ⅳ．①K872.544.2

中国国家版本馆CIP数据核字 (2023) 第 203679 号

玉耀长河：凌家滩文化展

杭州市萧山跨湖桥遗址博物馆　含山县凌家滩遗址管理处　含山博物馆　编著

责任编辑	徐凯凯　范洪法
责任校对	蔡　帆
责任印制	范洪法
版式设计	吕　玮
出版发行	浙江大学出版社
	（杭州市天目山路 148 号　邮政编码：310007）
	（网址：http://www.zjupress.com）
排　　版	杭州陌白文化创意有限公司
印　　刷	杭州捷派印务有限公司
开　　本	889mm×1194mm　1/16
印　　张	14
字　　数	212 千
版 印 次	2023 年 11 月第 1 版　2023 年 11 月第 1 次印刷
书　　号	ISBN 978-7-308-24361-2
定　　价	298.00 元